DU GOUVERNEMENT

ET

DES CITOYENS;

DE LEURS DROITS

ET

DE LEURS DEVOIRS

RESPECTIFS;

Par M. LECERF,

Professeur honoraire à la Faculté de Droit de Caen.

CAEN,

Imprimerie de **DELOS**, rue Notre-Dame, 70,
cour de la Monnaie.

1850.

INTRODUCTION.

Toutes les nations qui ont disparu de la surface du globe ont eu un gouvernement, et toutes les nations qui existent actuellement en ont un ; mais toutes ces nations n'ont pas agi et n'agissent pas de la même manière à l'égard de cette institution. Les unes l'ont entourée d'amour et de respect, et l'ont conservée longtemps par leurs soins et par leur appui. Les autres n'ont montré pour elle aucune affection, ne lui ont prêté ni secours, ni appui ; elles l'ont, au contraire, attaquée de toutes manières ; elles l'ont même renversée, et elles en ont changé plusieurs fois.

A quelques exceptions près , cette antipathie des peuples contre leur gouvernement est aujourd'hui plus répandue qu'elle ne l'ait jamais été ; et, parmi ces peuples, le peuple français occupe, sans contredit, une des premières places.

En 1789, il voulut modifier le gouvernement monarchique, sous lequel il vivait depuis treize siècles, et il fit la Constitution du 3 septembre 1791, qui réglait les pouvoirs du gouvernement monarchique.

Le 24 juin 1793, la Monarchie fut abolie, et le gouvernement républicain fut constitué.

Le 4 décembre 1793 (14 frimaire, an II), une nouvelle Constitution établit le gouvernement provisoire et révolutionnaire, qui s'exerça par la Convention.

Le 22 août 1795 (5 fructidor, an III), une nouvelle Constitution fonda le gouvernement du Directoire.

Le 13 décembre 1799 (22 frimaire, an VIII), une autre Constitution établit le Consulat.

Le 2 août 1802 (14 thermidor, an X), la Constitution de l'an VIII fut modifiée, et le Consulat à vie fut établi.

Le 18 mai 1804 (28 floréal, an XII), le Consulat fut aboli et l'Empire fondé.

En 1814, la Charte constitutionnelle, octroyée par Louis XVIII, rétablit le gouvernement monarchique avec l'institution de deux Chambres.

En 1815, rétablissement de l'Empire, avec un acte additionnel à la Constitution du 28 floréal, an XII.

Cent jours après, la Charte de 1814 fut remise en vigueur.

Le 7 août 1830, la Charte constitutionnelle fut modifiée par les deux Chambres, et la dynastie régnante changée.

Le 24 février 1848, le gouvernement constitué par la Charte de 1830 fut renversé, un gouvernement provisoire fut établi. On déclara le vote universel ; une Assemblée constituante fut convoquée, et, le 4 novembre 1848, on proclama la Constitution nouvelle, qui fonde et organise la République française.

Ainsi, depuis 1791 jusqu'en 1848, c'est-à-dire dans l'espace de cinquante-sept années, la France a changé DOUZE FOIS de gouvernement. Elle a changé bien plus de fois encore les hommes qui dirigeaient le gouvernement, et avec eux s'est trouvé modifié l'esprit dans lequel il était dirigé.

Ces changements, plus ou moins radicaux, ne se sont pas opérés sans secousses, sans dangers, sans accidents et sans malheurs. Si l'on a ignoré ou oublié ceux qui ont accompagné et suivi les changements déjà un peu éloignés de nous, tout le monde voit encore et apprécie ceux qui ont accompagné et suivi la révolution et le changement du mois de février 1848. Peu de personnes sont satisfaites de l'état dans lequel cette dernière révolution nous a mis. Républicains de la veille, républicain sdu lendemain, légitimistes, conservateurs, partisans de l'empire, tous désirent et appellent un autre ordre de choses ; tous accusent le gouvernement, tous l'attaquent plus ou moins ouvertement, et avec plus ou moins de force et d'activité. Ce mécontentement et ces attaques sont dans la nature de l'homme : quand il n'est pas satisfait de la position dans laquelle il se trouve, il cherche à la changer, et il attaque et s'efforce de renverser ce qui l'a mis ou ce qui le maintient dans la position qui le gêne ou le contrarie. Chacun, croyant que c'est le gouvernement qui est la cause du malaise ou de la contrariété qu'il éprouve, cherche à le renverser.

Mais si ce sentiment peut paraître naturel, il faut reconnaître qu'il est bien dangereux de s'y abandonner, sans avoir fait auparavant de longues et sages réflexions.

Il ne suffit pas, en effet, de détruire une chose ou une institution qui nous déplaît ou qui nous occasionne quelque désagrément, lorsque cette chose est d'une nature essentielle à notre existence et à notre conservation. Si le propriétaire d'une maison la trouve incommode, et qu'il l'abatte avant de s'être pourvu d'une autre, il restera exposé à l'intempérie du ciel. Avant de renverser un gouvernement, il faut en avoir trouvé un autre pour le remplacer.

Si tous les citoyens comprennent et appliquent ces vérités dans les actions de leur vie civile et privée, la plus grande partie les ignorent ou les méprisent dans leur vie politique et publique.

C'est à cette ignorance, c'est à ce mépris que je désirerais apporter remède, car je les crois bien funestes ; je suis convaincu qu'ils ont fait déjà bien du mal à mon pays, et je crains qu'ils ne lui apportent encore de plus grands malheurs. J'ai donc recherché la cause et la source de l'oubli ou du mépris de ces règles de prudence et de sagesse, et je crois l'avoir trouvée dans l'ignorance où sont la plupart des hommes sur la nature de l'institution que l'on appelle *gouvernement*. Bien peu de personnes en ont une idée précise ; un grand nombre en ont une idée complètement fausse. Tout le monde prononce le mot, et presque tout le monde ignore la chose et lui en substitue une autre dans sa pensée. Combien de gens, en effet, ne considèrent-ils pas ce qu'ils appellent le gouvernement comme un être distinct et séparé de la nation, dont les intérêts sont en opposition flagrante et permanente avec les intérêts de la nation, qui ne cherche qu'à la tromper, qu'à l'asservir, qu'à la dépouiller ; comme un maître, en un mot, qui cherche à régner sur des esclaves, contre lequel, par conséquent, il faut toujours être en guerre, et qu'il faut s'efforcer sans cesse de combattre et de renverser !

Pour attaquer cette cause de haine ou de suspicion contre le gouvernement, je vais tâcher de faire connaître ce qu'il est réellement ; et, pour y parvenir, je vais examiner, dans six chapitres successifs, les questions suivantes :

1° Qu'est-ce que le gouvernement ?

2° Un gouvernement est-il nécessaire ?

3° Quels sont les éléments essentiels d'un gouvernement ?

4° Existe-t-il des droits et des devoirs respectifs entre le gouvernement et les citoyens ?

5° Quels sont ces droits et ces devoirs ?

6° Peut-on changer le gouvernement ?

Je vais traiter ces questions brièvement, avec simplicité, m'adressant à la raison et à la conscience de chacun, et de manière à être compris par toute personne jouissant d'une intelligence ordinaire. Je vais rejeter toute théorie plus ou moins métaphysique, toute utopie, tout rêve, toute subtilité. Je vais invoquer les faits que tout le monde voit et peut apprécier chaque jour. C'est à tous mes concitoyens, sans exception, que je m'adresse ; je désire être compris par tous. J'espère opérer leur conviction, et j'attends avec confiance le jugement du plus grand nombre.

CHAPITRE Ier.

Qu'est-ce que le gouvernement ?

Pour se faire une juste idée de ce qu'est le gouvernement, il faut porter ses regards sur les hommes vivant dans l'état de société, et reconnaître les nécessités de cet état.

Nous voyons d'abord les nations distinctes entre elles, ayant, par conséquent, des intérêts distincts à conserver, ayant aussi des droits et des devoirs respectifs à exercer et à accomplir.

En considérant chaque nation en particulier, nous voyons chaque citoyen ayant le besoin de conserver sa vie, sa liberté et sa propriété ; désirant avec justice exercer sa religion, donner de l'éducation à ses enfants, faire respecter et exécuter les conventions qu'il a faites avec les autres ; désirant encore que la nation dont il fait partie soit respectée par les autres nations, qu'elle soit défendue si elle est attaquée, que ses droits soient réclamés et assurés à l'égard de son honneur, de la conservation de son territoire, de l'exercice de son industrie et de son commerce.

Tous ces intérêts d'ordre particulier et d'ordre public ont non-seulement besoin d'être réglés et assurés par des lois, mais ils ont encore besoin d'être protégés et d'être garantis, s'ils viennent à être attaqués ou menacés.

Or, il est bien évidemment impossible que chaque citoyen, abandonné à lui-même et agissant isolément, puisse faire ces lois, et puisse défendre et garantir ces intérêts. Il n'y aurait plus d'espoir ou de recours que dans la force individuelle. Ce serait retomber dans l'état sauvage, ce serait se réduire à la condition des animaux.

Il n'est pas possible davantage que tous les citoyens d'une nation se réunissent à chaque instant pour faire des réglements et des lois, pour contraindre chacun à les exécuter; enfin, pour garantir et assurer les droits de chacun, et pour forcer à l'exécution de tous les devoirs.

Il faut donc qu'il y ait, dans chaque nation, une institution quelconque qui soit chargée de toutes ces choses que chaque citoyen ne peut pas faire seul, et qui ne peuvent pas non plus être faites par tous les citoyens réunis; une institution qui fasse les lois conservatrices de l'existence et de la fortune publiques et privées, et qui en assure l'exécution.

Cette institution est le *gouvernement* qui, à l'égard des autres nations, doit représenter la nation à laquelle il appartient, faire respecter ses droits et la défendre contre toute attaque et toute injustice dont elle serait menacée, et qui, à l'égard des citoyens, doit faire, abroger et modifier les lois qui doivent régir la nation, faire exécuter ces lois, défendre les honnêtes gens et les gens faibles contre les gens injustes, usurpateurs et forts, qui voudraient leur faire éprouver quelque dommage.

Cette chose, cette institution, cette force que l'on appelle gouvernement, est organisée d'une manière différente, suivant les diverses formes de gouvernement que l'on peut rapporter à trois espèces principales, qui sont : le gouvernement despotique, le gouvernement monarchique et le gouvernement républicain.

Dans le gouvernement despotique, tous les pouvoirs sont concentrés dans un seul, qui, par sa seule volonté et sans le concours des citoyens, fait les lois, les applique, les fait exécuter, et règle et dirige le sort de la nation à l'extérieur et la conduite des citoyens à l'intérieur.

Dans le gouvernement monarchique tempéré, il y a bien un seul homme qui, sous le nom de roi, d'empereur, ou toute autre dénomination, est le chef de la nation ; mais il ne peut disposer seul, et par sa seule volonté, du sort de la nation, ni du sort des membres qui la composent. Les citoyens sont et restent libres, en se conformant aux lois. Ils coopèrent par leur volonté et par leurs actes, dans des limites plus ou moins étendues, déterminées par une Charte ou une Constitution, à la confection des lois, à l'établissement des impôts ; enfin, à tout ce qui concerne l'intérêt général et les intérêts particuliers.

Dans le gouvernement républicain, il n'y a point d'homme auquel soit attaché par sa naissance, ou même par l'élection, le droit d'agir à sa volonté dans tout ce qui se rattache aux intérêts publics et privés. Le pouvoir de faire les lois, le pouvoir de les appliquer, le pouvoir de les faire exécuter sont confiés à des hommes choisis et élus par la totalité des citoyens, ou par une partie seulement, suivant les règles posées par la Constitution.

On voit donc que, quelle que soit la nature du gouvernement, il est nécessairement créé et établi pour la nation et dans l'intérêt de la nation, et que ce n'est point la nation qui est faite pour le gouvernement ; on voit qu'il n'est point le maître ni l'ennemi de la nation, qu'il ne peut subsister sans que la nation subsiste ; que, par conséquent, il ne peut être considéré comme ayant des intérêts distincts de ceux de la nation ou en opposition avec eux.

Cette idée, que le gouvernement est l'ennemi de la nation, vient de ce qu'on se rappelle que quelques gouvernements ont eu pour source la conquête, et de ce que plusieurs autres ont abusé de leurs droits et ont mal gouverné. Mais, dans ces divers cas, il y a eu abus de l'institution qui constitue le gouvernement, et l'abus ne change pas la nature de la chose dont on abuse.

Les gouvernements ne s'établissent plus par la conquête ; le droit divin n'est plus admis comme principe de l'autorité des gouvernements. Ils restent donc ce qu'ils sont véritablement, c'est-à-dire une institution ou un pouvoir établi dans l'intérêt de tous, et chargé de faire et d'accomplir, dans cet intérêt, tout ce que chaque citoyen ne peut pas faire seul, et tout ce que les citoyens réunis ne peuvent pas faire conjointement.

Voilà, d'une manière positive et absolue, ce qu'est le gouvernement. Il ne peut être rien autre chose, et toute idée différente que l'on s'en formerait serait aussi fausse que dangereuse.

Examinons maintenant si un gouvernement est nécessaire.

CHAPITRE II.

Un gouvernement est-il nécessaire à une nation ?

Demander si un gouvernement est nécessaire à une nation, c'est demander si la volonté et le pouvoir d'exécuter cette volonté sont nécessaires à l'homme pour conserver sa vie et sa santé. Si, en effet, il est reconnu que l'homme est créé pour vivre dans l'état de société, et qu'il vit effectivement dans cet état ; s'il est reconnu que cet état lui impose des devoirs et lui assure des droits ; s'il est encore reconnu que l'exercice de ces droits et l'exécution de ces devoirs ne peuvent être assurés et obtenus par la force individuelle, ni par la force collective de chaque citoyen isolé et de tous les citoyens réunis ; enfin, s'il est reconnu que ces conditions essentielles de la vie humaine ne peuvent être remplies que par une force spécialement organisée pour cela , force à laquelle on donne le nom de gouvernement, il est évident qu'une nation ne peut exister sans un gouvernement, et qu'il lui est absolument nécessaire.

Que l'on suppose une nation sans gouvernement, et que l'on considère ce qui arrivera dans les événements et les circonstances qui se présentent journellement.

Une autre nation voudra usurper sur le sol de la nation qui n'a pas de gouvernement, ou bien elle interrompra ou troublera son commerce, ou bien encore elle fera supporter des pertes ou des injures à ses membres. Comment celle-ci pourra-t-elle repousser ces attaques , résister à ces entreprises, réprimer ces usurpations ? Il faut bien, pour accomplir ces conditions essentielles à la conservation d'un Etat, que cet Etat soit représenté par une force concentrée, une force unique, qui agisse pour tous et au nom de tous.

Dans l'intérieur de la nation que nous supposons sans gouvernement, un citoyen pourra attenter à la vie, à l'honneur, aux biens d'un autre citoyen; à qui celui-ci aura-t-il recours pour garantir sa vie, pour conserver son honneur, pour garder sa propriété ? Emploiera-t-il sa force personnelle ? Mais celui qui veut le dépouiller pourra aussi employer la sienne. Pourra-t-il invoquer l'appui de ses concitoyens? Mais l'agresseur pourra en faire autant. De là naîtra la lutte particulière ou la guerre civile, qui ne se terminent que par l'abus de la force.

Il n'y aurait donc point d'existence, de propriété, de liberté, ni d'ordre, qui pussent être assurés sans un gouvernement. Un gouvernement est donc nécessaire et indispensable pour qu'une nation ou un Etat puisse subsister.

Quelques personnes font cependant une objection : elles disent qu'un gouvernement ne peut pas remplir toutes les conditions qui tiennent à son essence ou qui dérivent de sa nature, et qu'alors, au lieu d'être nécessaire, ou seulement utile, il deviendra nuisible et dangereux.

Il est bien vrai qu'un gouvernement, qui est nécessairement confié à des hommes, ne peut pas être parfait. La nature humaine n'admet pas cette perfection ; mais la seule conclusion que l'on doit tirer de là, c'est qu'il faut chercher à améliorer ce gouvernement et à le perfectionner le plus qu'il sera possible ; et non pas qu'il faudra le détruire, puisque la raison nous dit qu'une na tion ne peut pas subsister sans un gouvernement, et qu'il vaudrait encore mieux avoir un mauvais gouvernement que de n'en point avoir et de tomber dans l'anarchie.

Mais tous les gouvernements ne sont pas mauvais, et il est possible de réformer leurs défauts et de les améliorer. Pour apprécier ce qu'il convient de faire à cet égard, nous devons rechercher quels sont les éléments essentiels d'un gouvernement.

CHAPITRE III.

Quels sont les éléments essentiels d'un gouvernement ?

Une nation a besoin de lois qui déterminent les droits et les devoirs respectifs du gouvernement et des citoyens, et les droits et devoirs des citoyens entre eux. Les lois devant suivre les besoins et les progrès de la civilisation, il faut quelquefois les modifier, quelquefois les abroger, quelquefois en faire de nouvelles. Il faut donc, d'abord, qu'il y ait un pouvoir législatif.

Il s'élève souvent entre les citoyens des contestations sur l'intelligence et l'application des lois; et comme personne ne peut se rendre justice à soi-même, il faut un pouvoir qui fasse cesser la contestation, en appliquant la loi et en jugeant la contestation. Ce pouvoir s'appelle le pouvoir judiciaire.

Enfin, lorsque la loi n'est pas contestée, ou lorsque les juges ont prononcé sur la contestation et que cependant l'une des parties ne veut pas exécuter la loi ni le jugement, il faut un pouvoir qui emploie la force publique pour vaincre la force individuelle qui s'oppose à l'exécution. Ce pouvoir s'appelle le pouvoir exécutif.

Ainsi, le pouvoir législatif, le pouvoir judiciaire et le pouvoir exécutif sont les éléments essentiels de tout gouvernement.

Ces trois pouvoirs peuvent être réunis ou divisés, et c'est de là que les diverses espèces de gouvernement reçoivent leur dénomination.

Lorsqu'ils sont réunis sur la tête d'une seule personne, le gouvernement est despotique.

Lorsqu'ils sont divisés et confiés à plusieurs personnes, le gouvernement est monarchique ou républicain, suivant les personnes à qui le pouvoir exécutif est confié, et suivant la manière dont il est conféré.

La question de savoir laquelle de ces diverses espèces de gouvernement convient le mieux à une nation, ne peut être résolue d'une manière uniforme. Sa solution dépend évidemment de l'étendue du pays, du nombre de ses habitants, de leurs mœurs, etc., etc. Il est évident que la même forme de gouvernement ne peut convenir, par exemple, à la France et à l'un des cantons de la Suisse, ou à l'un des Etats-Unis de l'Amérique.

Sans examiner ici cette question de théorie, difficile et peut-être même impossible à résoudre d'une manière certaine, il nous importe beaucoup plus de rechercher s'il existe des devoirs et des droits respectifs entre le gouvernement d'un pays, quel que soit ce gouvernement, et les citoyens de ce pays. C'est une question toute de pratique et qui fait la matière du chapitre suivant.

CHAPITRE IV.

Existe-t-il des droits et des devoirs respectifs entre le gouvernement d'une nation et les citoyens qui la composent ?

Le gouvernement d'une nation a-t-il des devoirs à remplir envers les citoyens qui la composent? A-t-il aussi des droits à exercer sur ces citoyens ?

Les citoyens ont-ils des devoirs à remplir envers ceux qui gouvernent? Ont-ils aussi des droits à exercer sur eux ?

Ces questions sont aussi graves qu'importantes. J'ose dire que c'est de leur solution que dépendent la vie même du gouvernement et son action sur la société. Elles méritent donc un examen sérieux et approfondi.

Voyons d'abord ce que l'on entend par *devoirs* et par *droits*.

Le devoir est l'obligation et la nécessité de donner, de faire ou de ne pas faire une chose ou une action quelconque, ou de souffrir qu'un autre la fasse. De là vient la distinction des devoirs en positifs et en négatifs.

Le droit est la faculté d'exiger qu'on nous donne ou que l'on fasse pour nous une chose quelconque, ou d'empêcher qu'on ne fasse quelque chose qui pourrait nous nuire, ou d'exiger qu'on nous laisse faire quelque chose.

Ainsi, le père et l'enfant se doivent respectivement des aliments, suivant que l'un ou l'autre en éprouve le besoin. Il y a là *devoir* de fournir des aliments pour celui qui a les moyens de le faire, et *droit* d'exiger des aliments pour celui qui en éprouve le besoin. Ainsi encore, dans une servitude de passage, il y a *droit* de passer sur le fonds d'autrui pour celui à qui la servitude est due, et devoir de supporter ce passage et de ne rien faire qui puisse y mettre obstacle, pour celui qui doit la servitude.

Voilà le droit et le devoir considérés en eux-mêmes et d'une manière abstraite.

Pour mettre le droit et le devoir en action, il faut qu'il y ait un moyen de contrainte qui puisse forcer à l'exécution du devoir et assurer ainsi l'exercice du droit.

Lorsque le droit et le devoir sont écrits dans la loi positive, cette loi donne une action devant les tribunaux pour faire exécuter le devoir. C'est le Code civil qui impose à l'enfant le devoir de fournir des aliments à son père, qui est dans le besoin. S'il ne le fait pas, le père, qui a le droit d'en exiger, peut traduire son fils devant les tribunaux, qui le condamneront à exécuter son devoir.

Lorsque le devoir et le droit ne sont pas établis par la loi positive, mais seulement par la loi religieuse ou par la loi naturelle, leur accomplissement et leur exercice sont assurés par les promesses et les menaces de la loi religieuse, par le sentiment et la voix de notre conscience ; enfin, par l'approbation et l'estime de nos concitoyens. Ainsi, encore bien que le devoir d'assister notre semblable qui se trouve dans le besoin, et le devoir de s'abstenir de la médisance, ne soient écrits dans aucune loi positive et ne donnent aucune action devant les tribunaux, tout homme religieux et tout citoyen honnête trouve en lui des motifs suffisants pour l'obliger à les accomplir.

Droits et devoirs sont donc corrélatifs, et l'on ne peut pas concevoir l'existence des uns sans l'existence des autres.

Après avoir ainsi déterminé la nature des droits et des devoirs, il faut se demander s'il y en a de nécessaires entre les hommes ?

Pour répondre à cette question, il suffit de se rappeler le but et la nature de l'état de société pour lequel les hommes sont faits et dans lequel ils vivent, et de considérer les rapports nombreux que cet état établit entre les citoyens. Chacun est nécessairement ou peut être : enfant, mineur, majeur, époux, père, propriétaire, industriel, militaire, magistrat, etc., etc. ; et, dans toutes ces positions, il doit évidemment avoir des droits à exercer et des devoirs à remplir. Sans l'exercice et l'exécution de ces droits et de ces devoirs, l'état social marcherait en sens inverse de son but.

Si chacun, par exemple, voulait exercer ses droits, mais refuser en même temps d'accomplir ses devoirs, la société ne présenterait plus bientôt qu'une scène de trouble, de confusion, d'excès et de violences, qui amènerait rapidement sa ruine et sa destruction.

Maintenant il ne reste plus qu'à faire l'application des vérités qui viennent d'être exposées au gouvernement et aux citoyens.

Or, il existe évidemment de nombreux rapports entre eux, puisque, d'une part, le gouvernement doit protéger toutes les personnes et tous les intérêts de la nation en général, et de chaque citoyen en particulier, et que, d'une autre part, les citoyens doivent donner au gouvernement les moyens de protéger tous ces intérêts. Il n'est pas moins évident que, suivant la manière plus ou moins complète dont le gouvernement et les citoyens accompliront leurs devoirs, l'Etat marchera bien ou marchera mal, qu'il prospérera ou qu'il déclinera ; enfin, que si les devoirs respectifs cessaient d'être accomplis, la nation périrait nécessairement.

3

Il y a donc des devoirs et des droits absolument indispensables entre le gouvernement et les citoyens. Nous allons essayer de les faire connaître dans le chapitre suivant.

CHAPITRE V.

Quels sont les droits et les devoirs respectifs du gouvernement et des citoyens ?

Commençons par rechercher les devoirs, et occupons-nous d'abord de ceux qui sont imposés au gouvernement.

Ces devoirs sont fondés sur ce qui rend un gouvernement nécessaire, et sur le but qu'il doit s'efforcer d'atteindre ; et en se rappelant ce que nous avons dit dans nos deux premiers chapitres, on comprendra combien ils sont nombreux.

Précisons les plus importants.

Le gouvernement doit, à l'extérieur, représenter dignement la nation ; il doit lui assurer la jouissance et la conservation de tous ses droits à l'égard des autres nations ; faire respecter son territoire, son commerce, son ndustrie, sa navigation ; maintenir son honneur, son influence et sa prépondérance dans tous les cas qui peuvent les intéresser.

Il doit, à l'intérieur, faire, modifier, abroger les lois suivant les besoins de la nation ; organiser et maintenir le pouvoir judiciaire pour l'application des lois ; organiser tout ce qui doit assurer l'exécution des lois et des jugements.

Il doit protéger la vie, l'honneur, la liberté, la propriété, la fortune, l'industrie de tous les citoyens contre toutes les attaques qui pourraient être dirigées contre elles.

Il doit assurer l'exécution de tous les contrats, de toutes les obligations qui en résultent, et de tous les droits qu'ils établissent entre les hommes.

Il doit protéger tous les citoyens dans leurs droits et leurs libertés religieuses, politiques ou civiles.

Il doit veiller à l'exécution de toutes les lois qui ont pour objet la religion, le culte, la justice criminelle, la simple police.

Il doit protéger les justes et les faibles, et contenir et réprimer les injustes, les violents et tous ceux qui ne veulent reconnaître que la force brutale pour maître et pour directeur.

En un mot, il doit assurer et maintenir la tranquillité, l'ordre, la justice et la paix, dans l'intérieur de l'Etat et entre tous les citoyens.

Ces devoirs principaux, et tous les devoirs de détail et d'exécution qui s'y rattachent, sont immenses. Le gouvernement est confié à des hommes qui sont sujets à toutes les insuffisances et à toutes les infirmités inhérentes à l'humanité : ces hommes sont en petit nombre, et ils n'ont pas, par eux-mêmes, une force physique et matérielle suffisante pour les accomplir seuls ; ils ont donc besoin d'une force morale qui vienne se joindre à leur force physique et suppléer à ce qui lui manque ; ils ont aussi besoin du concours de la force physique des autres hommes ; ils ne peuvent trouver cette force morale et cette force physique, qui leur est nécessaire, que dans la nation, c'est-à-dire dans les citoyens qui la composent. Recherchons donc quels sont les devoirs des citoyens dans leurs relations avec le gouvernement.

Les devoirs des citoyens envers le gouvernement se divisent en trois classes principales. La première se compose des devoirs qui

sont imposés par les lois impératives et par les lois prohibitives ;
la seconde contient les devoirs qui résultent des lois permissives
ou facultatives ; la troisième, enfin, comprend les devoirs sur lesquels il n'existe aucune disposition législative.

Il y a sans doute peu d'observations à présenter sur la première
classe. Faire ce que les lois impératives commandent et s'abstenir de ce que les lois prohibitives défendent, voilà les devoirs qui
en résultent. Il n'est guère possible non plus d'hésiter ou de dé-
libérer sur l'accomplissement de ces devoirs, puisque la sanction
pénale de la loi est là pour nous contraindre à l'exécution, ou pour
réprimer et punir l'infraction. Je dirai cependant qu'à l'égard de
ces dispositions législatives, nous ne devons jamais oublier leur
but et leur nécessité ; que nous devons aussi leur donner une force
morale en les exécutant franchement et avec résignation, alors
même qu'elles paraissent contrarier ou blesser nos affections ou
nos intérêts personnels ; que nous ne devons jamais donner le
triste spectacle et l'exemple dangereux de la résistance ou de la
désobéissance aux lois.

Lorsque la loi, sans commander ni défendre, appelle seulement
le citoyen à remplir quelques fonctions ou l'autorise à faire
quelques actes, il peut, sans redouter la contrainte, se montrer
sourd à la voix de la loi, ne pas répondre à son appel, et refuser
de remplir la mission qu'elle lui confie ; mais, pour savoir s'il doit
agir ainsi, parcourons les dispositions des lois facultatives qui se
rapportent à l'ordre politique que nous examinons.

Nous trouvons, d'abord, toutes les lois qui appellent les citoyens
à nommer les représentants aux assemblées législatives, à nommer
les conseillers généraux de département, les conseillers d'arron-

dissement et les conseillers municipaux auxquels sont confiés la recherche et le soin des intérêts spéciaux des communes, des arrondissements et des départements ; à nommer les chefs de la garde nationale, sur laquelle repose la conservation de la liberté et de l'ordre public ; à nommer les juges des tribunaux de commerce, les membres des chambres consultatives, les membres des conseils de prud'hommes, qui tous sont appelés à conserver et à vivifier tout ce qui se rattache au commerce et à l'industrie.

Nous trouvons, en second lieu, les lois qui autorisent les citoyens à remplir diverses fonctions publiques, lorsqu'ils y sont appelés par les suffrages de leurs concitoyens ou par le choix du gouvernement.

Tout bon citoyen désire, sans doute, que tous les emplois que je viens d'énumérer soient confiés à des mains honnêtes et capables ; mais comment ces désirs seront-ils accomplis, s'il néglige de venir, par son vote, assurer la nomination de celui qu'il regarde comme le plus digne, ou si, lui-même nommé, il refuse par insouciance, par caprice ou par paresse, d'accepter les fonctions que l'on veut lui confier, ou enfin s'il n'emploie pas son influence et son autorité pour décider ceux avec lesquels il a des rapports sociaux, à venir aux élections ou à accepter les emplois ?

Que l'on ne s'abuse pas sur l'importance de ce devoir et sur les graves conséquences qui résultent de sa négligence ou de son mépris. Les exemples sont là et se renouvellent chaque jour. Combien de choix dangereux et de choix funestes n'ont-ils pas été faits à une majorité de quelques voix seulement, lorsqu'un grand nombre de citoyens, dont les voix en auraient déterminé de meilleurs, ont négligé ou dédaigné d'aller porter aux élections le tribut de leur conscience exprimé par leur vote ! N'entendons-nous pas chaque jour critiquer, censurer et déplorer l'élévation aux emplois d'hommes incapables ou dangereux, tandis que leur nomination n'a d'autre cause que la négligence et l'abstention de ces mêmes personnes qui la déplorent ? Ne croirait-on pas que la plupart des citoyens laissent volontairement arriver aux charges et aux emplois certaines personnes, pour se ménager le plaisir de s'en plaindre ? Cette conduite ne serait que futile et ridicule, si elle faisait seulement connaître la faiblesse et l'embarras de ceux qui sont ainsi parvenus aux places ; mais quel nom lui donner et comment la qualifier , lorsque l'on pense à ses résultats dangereux et lorsque l'on voit ses funestes effets ?

J'ai signalé, comme troisième classe des devoirs des citoyens envers le gouvernement, des obligations qui ne sont écrites ni dans les lois impératives ou prohibitives, ni dans les lois facultatives, et j'espère que, malgré le silence de la législation sur ces obligations, je vais facilement en prouver l'existence.

Si la raison nous fait connaître l'indispensable nécessité d'un gouvernement, elle nous dit, avec la même autorité, qu'il faut le défendre, le conserver et le perfectionner.

Si l'on ne veut pas fermer les yeux devant les objets qui les frappent , et refuser sa conviction à l'évidence, il faut encore reconnaître que le gouvernement est incessamment attaqué par ceux qui ne voient dans l'ordre et la paix publique qu'un frein imposé à leurs passions corrompues, qu'une entrave mise à leurs intérêts désordonnés, qu'un écueil contre lequel viennent se briser leurs désirs et leurs entreprises coupables.

Il faut donc combattre ces attaques , il faut aider le gouver-

nement à s'en défendre et à les repousser. Et, pour connaître
les moyens par lesquels le gouvernement peut être défendu ,
il suffit de reconnaître et de signaler les moyens que l'on emploie pour l'attaquer.

Ce n'est pas seulement par la force matérielle et brutale, ce n'est
pas seulement par l'émeute et l'assassinat que l'on cherche à détruire le gouvernement. On l'attaque par la calomnie , on le
persécute par la médisance , on le poursuit par des insinuations
et des suppositions perfides. Tout acte émané de l'autorité est
saisi avec avidité ; il est examiné , scruté, en quelque sorte
disséqué, avec le désir et la volonté d'y troùver le prétexte d'un
reproche ou d'une accusation. Si l'acte en lui-même est bon,
on accuse l'intention ; si, conçu pour le bien public, il ne réussit
pas, on donne pour preuve de la perversité de l'intention l'échec
qu'a éprouvé le succès.

Avant d'exprimer ma pensée sur les devoirs que la conduite de
ceux qui attaquent le gouvernement impose aux bons citoyens, et
pour que cette pensée soit bien comprise, je dois faire une ob-
servation importante. Ce n'est pas par la louange et l'approbation générale de tous les actes d'un homme, d'une autorité, d'un
gouvernement, qu'on s'en montre l'ami utile, le soutien efficace ;
ce n'est pas même par la louange et l'approbation données seulement aux actions entreprises avec conscience et sagesse et
exécutées avec zèle et succès, c'est encore par le blâme sévère
et la ferme censure de tout ce qui est mauvais et dangereux.

Mais, pour distribuer cette approbation et cette censure, il
faut au moins prendre la peine d'examiner les faits, de les appro-
fondir, d'en découvrir les causes, les motifs et les circonstances ;

enfin, de les juger. C'est sur ce point qu'un très-grand nombre d'hommes dont les intentions sont droites et pures, dont l'esprit est cultivé, dont la raison est développée, agissent avec une inconséquence et une légèreté à laquelle on refuserait de croire, si on n'en voyait pas tous les jours de trop nombreux exemples.

Sans parler ici des soins que l'on apporte et des précautions que l'on prend avant de rien décider ou entreprendre dans tout ce qui se rapporte à soi, à sa famille, à ses besoins, à ses intérêts, et même à ses plaisirs, considérons avec quelle discrétion, avec quelle prudence, avec quelle hésitation on prononce un jugement sur les productions de l'art ou du génie. Qui oserait, s'il ne connaît la peinture, prononcer sur le mérite d'un tableau ? Qui oserait, s'il n'est musicien, juger une composition musicale ? Qui oserait, s'il n'est étranger à la littérature et aux sciences, louer ou blâmer la production d'un poète ou d'un orateur, la découverte d'un chimiste ou d'un astronome ? Celui-là même qui a les connaissances nécessaires pour juger un ouvrage ou une production, n'apporte-t-il pas toute l'attention et toute la réflexion indispensables pour prononcer un bon jugement ?

Mais quand il s'agit d'une disposition législative qui embrasse les intérêts généraux ou particuliers de la nation et des citoyens; quand il s'agit d'un réglement de haute administration, de mesures qui se rattachent au droit des gens, au droit politique ou au droit civil; quand il s'agit, en un mot, des actes du gouvernement ou des fonctionnaires publics, à peine ces actes sont-ils connus ou seulement annoncés, qu'aussitôt, sans avoir les moindres connaissances sur les matières auxquelles ils appartiennent, sans se donner la peine la plus légère pour découvrir les faits et les circonstances qui les ont décidés, et pour apprécier les conséquences qu'ils doivent produire, on s'empresse de juger à l'instant et irrévocablement ces actes, en ne suivant que l'impulsion de la passion, de l'intérêt et même du caprice.

Pourquoi donc cette cruelle exception pour les dépositaires de l'autorité ?

D'abord ce sont des hommes, et , à ce titre, ils ont droit à la même justice que celle que nous accordons aux autres hommes.

En second lieu, penserait-on qu'il est indifférent d'exprimer une opinion sur les actes et sur la conduite du gouvernement et des hommes publics, de blâmer ce qui est bien et d'approuver ce qui est mal? Ce serait une erreur aussi grave que dangereuse. Le gouvernement a besoin d'une force morale ; la force morale ne peut s'établir que par l'opinion publique, et l'opinion publique se forme par la louange ou le blâme, l'approbation ou la censure du plus grand nombre des citoyens. C'est donc l'existence même du gouvernement qui se trouve compromise par la légèreté ou l'injustice que nous mettons à juger ses actes, et avec cette existence se trouvent compromises la jouissance et la conservation de notre vie, de notre liberté et de notre propriété.

Il faut donc dire, avec toute l'autorité de la justice et de la raison, que l'on ne doit jamais hasarder un jugement sur les actes de l'administration publique avant d'avoir pris au moins toutes les précautions que l'on prendrait pour juger tout autre acte, tout autre fait, toute autre chose.

Je puis maintenant dire , sans craindre que l'on interprète mal ma pensée, quels sont les devoirs que la défense du gouvernement impose aux citoyens.

Lorsqu'il est attaqué à force ouverte par l'émeute ou par l'insurrection, ils doivent joindre le secours de leurs bras à la force qui doit le défendre.

Lorsqu'il est attaqué par la calomnie, ils doivent la démasquer et la repousser.

Lorsqu'il est attaqué par des insinuations perfides, ils doivent les discuter et les détruire.

En un mot, toutes les fois que les bons citoyens connaissent la vérité sur tout ce qui se rapporte au gouvernement, ils doivent saisir avec empressement toutes les occasions de la faire connaître aux autres, et de faire disparaître les voiles trompeurs dont on voudrait la couvrir.

L'immense intérêt de ces devoirs de concours, d'aide et d'assistance des citoyens envers le gouvernement, m'engage à répondre à des objections que l'on a coutume de faire contre leur existence et contre leur nécessité ;. objections dont les unes sont faites par les ennemis du gouvernement, et les autres par des personnes qui ne cherchent pas à le détruire, et qui se placent même au nombre de ses amis.

On dit, d'abord, que c'est au gouvernement seul qu'est imposée la charge de se soutenir et de se défendre, et qu'il ne doit réclamer, pour le faire, ni le secours, ni l'appui des citoyens qui ne sont employés ni dans l'administration, ni dans la force publique.

Cette objection suppose l'erreur la plus évidente sur la nature et l'essence du gouvernement. Pour la faire, il faut le considérer comme un être distinct et séparé de la nation. Il faut le regarder comme un maître, et les citoyens comme des esclaves, pour dire que le maître est seul chargé de veiller à sa

conservation, et que les esclaves doivent voir d'un œil indifférent sa chute et sa destruction. J'ai détruit cette erreur en prou-
vant que le gouvernement n'est pas et ne peut pas être distinct
de la nation ; qu'il ne peut pas avoir des intérêts opposés à ceux
de la nation ; qu'il n'est établi que dans l'intérêt de la nation, qui
ne pourrait subsister sans lui, et que tous les citoyens ont un
intérêt constant à le défendre. L'objection, fondée sur cette erreur,
doit donc tomber avec elle.

On dit ensuite que si les citoyens sont obligés de venir au secours du gouvernement dans quelques graves circonstances, ces
cas extraordinaires doivent être prévus par la législation ; qu'au-
delà de l'exécution des lois on ne peut rien exiger d'eux, et qu'ils
n'ont plus de devoirs à accomplir.

Cette objection serait fondée s'il était vrai que la législation
pût prévoir et prévenir toutes les attaques qui peuvent être dirigées contre le gouvernement, et s'il était également vrai que les
lois, qui essaieraient de le faire, fussent tolérables pour les citoyens;
mais, malheureusement, ces deux suppositions sont également
fausses.

D'abord, qui pourrait se flatter de connaître toutes les causes
d'entraves, de dangers, de ruine et de destruction d'un gouvernement, et qui pourrait se flatter de trouver et de prescrire les
moyens efficaces pour combattre ces causes ou pour empêcher
leurs effets ?

En second lieu, si un législateur avait hasardé cette entreprise,
peut-on songer, sans frémir, à la terrible législation qui serait sor-
tie de sa main ?

Il aurait fallu prévoir, qualifier et punir tous les attentats d'action, tous les attentats d'omission, tous les attentats de paroles. Il aurait fallu organiser une justice formidable de prévention et de répression. Ne pouvant plus compter sur la force morale, il aurait fallu employer partout et en tout temps la force physique et la terreur. Je le dis avec assurance, de pareilles lois ne peuvent convenir à des hommes libres , ne peuvent convenir à des Français.

Mais si nous repoussons avec énergie une semblable législation, si nous voulons un gouvernement doux et léger, si nous voulons jouir de toute la liberté et de toute la sécurité qui sont compatibles avec l'ordre et la paix publique, soyons conséquents avec nous-mêmes, présentons au gouvernement une force morale et rassurante sur laquelle il puisse se reposer avec confiance, n'exigeons pas qu'il pourvoie seul, ou par des lois positives, à sa défense et à sa conservation ; mais reconnaissons et proclamons que chaque citoyen, dans tous les moments de sa vie, et par tous les moyens honnêtes qui sont en son pouvoir, doit protéger et défendre le gouvernement de sa patrie.

On dit encore que si le gouvernement pouvait ainsi compter sur l'appui de la masse des citoyens, on ne pourrait plus attendre de lui aucun progrès ni aucune amélioration ; qu'on devrait craindre, au contraire, qu'il n'abusât de sa force et de sa sécurité.

Cette objection suppose que l'on demande aux citoyens un appui sans raison et sans discernement.

J'ai déjà détruit cette supposition. J'ai dit et je répète que, s'il faut repousser les calomnies et les insinuations perfides, il faut aussi dire la vérité avec force et courage ; qu'il faut avertir le gouvernement de ses erreurs et le blâmer de ses fautes ; qu'il faut lui signaler toutes les améliorations possibles ; qu'il faut même l'obliger à les faire, en employant les moyens légaux et constitutionnels ; qu'il faut, en un mot, lui offrir l'appui de l'opinion publique lorsqu'il fait le bien qu'il peut faire, et lui refuser cet appui lorsqu'il ne le fait pas.

Enfin, l'on dit qu'il y a servilité et, par conséquent, déshonneur et honte à se montrer le partisan et le soutien du gouvernement, en-dehors ou au-delà de la stricte prescription des lois.

Cette objection est faite par deux espèces différentes de personnes, et avec deux désirs et deux buts également différents. Les uns la font de bonne foi, et parce que, en effet, ils craignent d'être accusés de bassesse et de servilité ; les autres la font de mauvaise foi, parce qu'ils veulent empêcher les bons citoyens de prêter leur appui au gouvernement, et qu'ils espèrent ainsi se ménager les moyens de l'attaquer plus aisément. Il est facile de répondre aux uns et aux autres.

Je dis à ceux qui sont de bonne foi : Votre objection n'est fondée que sur l'abus que l'on peut faire de la chose, et jamais l'abus d'une chose, bonne en elle-même et par sa nature, ne peut la rendre mauvaise.

Que celui qui, dans l'unique but d'obtenir les faveurs du pouvoir et d'avancer sa fortune ou celle de sa famille, se présente toujours admirateur zélé et louangeur infatigable de toutes les actions bonnes ou mauvaises de l'autorité, soit un être vil et méprisable, personne n'en doute, et je suis bien loin de le contester ; je dis plus, c'est un véritable ennemi du gouvernement, et il le sacrifie à son intérêt personnel.

Que celui encore qui, sans motif honteux, mais aussi sans réflexion et sans discernement, a contracté l'habitude d'approuver et de louer tout ce que disent et font les dépositaires du pouvoir ; qui croit à l'infaillibilité du ministre des finances pour régler le budget de l'Etat, à l'omnipotence des ministres de la guerre et de la marine pour créer et entretenir des armées et des flottes ; que cet homme ne soit digne ni d'honneur ni de considération, je ne le conteste pas davantage. S'il ne mérite pas le nom d'ennemi du gouvernement, il n'en est que l'indiscret, que l'imprudent, que le dangereux ami.

Mais ce ne sont pas ces hommes que j'ai pris pour modèles quand j'ai voulu peindre le bon citoyen, et que j'ai essayé de tracer les devoirs qui lui sont imposés. J'ai parlé de celui qui ne sépare pas ses intérêts de ceux de son pays, qui n'agit point par légèreté ni par caprice, qui examine, réfléchit et juge, qui blâme ou approuve, soutient ou repousse, attaque ou défend en suivant l'impulsion de sa conscience éclairée ; enfin qui a le courage de faire entendre hautement les accents de la voix intérieure qui l'anime et le dirige. Cet homme peut-il redouter la honte, peut-il craindre le mépris ? Les bons citoyens l'environneront de leur estime et de leurs respects. Les mauvais citoyens pourront le haïr, mais ils ne pourront jamais le mépriser.

D'ailleurs, que deviendrait donc l'ordre social si l'abus possible d'une chose devait la faire proscrire ? De quoi n'a-t-on pas abusé ? Il existe des hypocrites de religion, de philosophie, de bienfaisance et d'amitié. On a vu feindre l'amour maternel et simuler la piété filiale pour accomplir de coupables projets. La religion sincère, la vraie philosophie, la pure amitié, le dévoûment de la mère pour ses enfants, le culte que le fils rend à son père, ont-ils cessé pour cela d'être des dons précieux et de sublimes vertus ?

Il n'existe donc pas de motifs réels pour redouter la honte ou le mépris en prêtant un sage appui au gouvernement. On ne pourrait craindre que la calomnie ; mais il y aurait faiblesse et lâcheté à ne pas faire ce qui est juste et nécessaire, arrêté que l'on serait par la crainte de voir ses intentions soupçonnées, et ce serait alors que l'on mériterait la honte. On sacrifie sa liberté, on expose sa vie pour remplir un devoir : il faut savoir aussi s'exposer à la calomnie ; c'est un des caractères principaux du courage civil, vertu si honorable et si nécessaire dans un pays d'indépendance et de liberté.

C'est de la crainte et de la faiblesse des bons citoyens que veulent abuser les secondes personnes qui font l'objection que je combats. Elles veulent écarter les obstacles qui pourraient s'opposer à leurs sinistres projets. Il suffit de connaître leur intention pour apprécier leurs accusations et leurs reproches, et il faudrait être follement dupe d'une grossière supercherie pour y attacher le moindre prix.

Qu'il me soit permis de faire ici une comparaison qui représente, je crois, d'une manière exacte, la position respective de ceux qui font l'objection que je viens de combattre, et de ceux à qui elle est faite.

Supposons que la défense d'une place est confiée à un général, et qu'un autre général est chargé de l'attaquer. L'assiégeant emploie toutes les forces et toutes les ruses de la guerre ; il cherche à établir des intelligences dans la place, à inspirer de vaines terreurs aux habitants et à la garnison, à révolter les citoyens contre les soldats ; il coupe les fontaines, il incendie les magasins ; il fait

plus, il veut se servir de l'honneur même de l'assiégé, et il lui déclare qu'il lui reconnaît bien le droit de tirer sur ses batteries et sur
ses travailleurs, de faire des sorties et de repousser l'assaut ; mais
il lui déclare en même temps que s'il envoie des espions dans son
camp, que s'il intercepte ses convois, que s'il brûle ses parcs et
ses magasins, il le tiendra pour lâche et déloyal, et qu'il procla-
mera sa honte devant tous les braves. Quelle opinion aurait-on du
général qui redouterait cette accusation, et qui s'arrêterait devant
cette menace ? Et que serait-il en effet ? Je ne veux pas dire le
mot ; mais tous ceux qui me liront le prononceront sans hésiter.

Avoir exposé les devoirs du gouvernement envers les citoyens,
et les devoirs des citoyens envers le gouvernement, c'est avoir fait
connaître leurs droits respectifs. Il suffit de se rappeler ce que j'ai
dit sur la nature des droits et des devoirs en général, pour savoir
que les citoyens ont le droit d'exiger que le gouvernement rem-
plisse ses devoirs à leur égard, et que le gouvernement a le droit
d'exiger que les citoyens accomplissent leurs devoirs envers lui ;
mais il faut maintenant examiner comment l'accomplissement de
ces devoirs pourra être forcé dans les cas où on refuserait ou né-
gligerait de les accomplir, et quelles seraient les conséquences
et les suites de ce refus ou de cette négligence.

Parmi les devoirs de l'Etat envers les citoyens et les devoirs
des citoyens envers l'Etat, on se rappelle qu'il y en a qui sont
écrits dans les lois et qu'il y en a qui ne le sont pas.

Pour ceux qui sont écrits dans les lois, il y a la punition que
ces lois prononcent contre ceux qui les violent ou les méprisent,
et l'action qu'elles donnent à ceux en faveur desquels les devoirs
sont établis.

Pour ceux qui ne sont pas écrits dans les lois, mais qui résultent de la nature des choses, de la raison et de la conscience des hommes, il n'y a pas de moyen coërcitif; mais il y a les conséquences qui peuvent ou qui doivent suivre la violation ou le mépris de ces devoirs, il y a la raison de chacun qui peut prévoir et juger ces conséquences.

Si les bons citoyens refusent leur appui moral au gouvernement, s'ils ne le défendent pas lorsqu'il est attaqué, soit par la force physique et brutale, soit par les accusations, les imputations et les calomnies; s'ils ne se proclament pas hautement ses partisans et ses défenseurs, il arrivera de deux choses l'une : ou le gouvernement, pour se défendre seul, emploiera la force et la rigueur, et il apportera ainsi des entraves à la liberté, à la tranquillité, à la sécurité et au repos de tous les citoyens, forcé qu'il sera de prendre des précautions générales et qui frapperont sur tous, sans distinction de ceux qui cherchent à le détruire et de ceux qui n'ont pas ce désir ; ou si le gouvernement ne prend pas ces graves mesures préventives et coërcitives, et même quoiqu'il ait pris ces mesures, il succombera sous les coups de ses ennemis, et il sera anéanti.

Dans le premier cas, le gouvernement cessera d'être doux et léger; car cette douceur et cette légèreté ne peuvent être obtenues qu'alors qu'un gouvernement n'est pas menacé, qu'il jouit de l'appui moral du plus grand nombre de citoyens, et qu'il est sûr de l'appui physique de la majorité, si cet appui devient nécessaire.

Dans le second cas, le gouvernement étant renversé et détruit, le pays tombe dans l'anarchie et dans tous les malheurs qu'elle entraîne après elle; ou bien il est livré au nouveau gouvernement qu'essaient toujours d'établir à leur profit ceux qui ont conspiré la ruine du premier et qui l'ont consommée.

Ces tristes conséquences, que la raison indique, sont confirmées par de malheureux exemples, trop récents pour qu'il soit néces‚ saire de les rappeler à la mémoire de ceux qui en ont été les victimes ou les témoins.

Ces considérations sont sans doute suffisantes pour engager et même pour contraindre, en quelque sorte, tous les bons citoyens, amis de l'ordre, de la paix et d'une sage liberté, à accomplir tous leurs devoirs envers le gouvernement, devoirs indispensables pour le défendre et pour le conserver.

Si c'est le gouvernement qui ne remplit pas ses devoirs envers les citoyens, on ne conçoit guère qu'un seul moyen d'éviter les conséquences funestes qui en résulteraient ; et ce moyen serait de le changer. Mais une nation peut-elle changer à sa volonté son gouvernement ? Voilà la question qui doit faire l'objet de notre sixième et dernier chapitre.

CHAPITRE VI.

Une nation peut-elle changer son gouvernement ?

Cette question est la plus grave et la plus difficile de toutes celles qui se rattachent aux rapports respectifs qui existent entre les gouvernants et les gouvernés : cette gravité et cette difficulté viennent de l'abus que l'on peut faire et que l'on fait presque toujours de sa solution.

En effet, que l'on pose en principe que la nation pour laquelle le gouvernement est fait et établi peut le changer à sa volonté, comme l'on révoque un mandataire dont on n'est pas satisfait, et alors le gouvernement n'aura plus aucune stabilité, il ne pourra compter sur aucune durée, il ne pourra rechercher ni opérer aucune amélioration ni aucun progrès, il deviendra en quelque sorte impossible.

Si l'on dit, au contraire, qu'une nation ne pourra jamais changer son gouvernement, c'est faire des nations la propriété des gouvernements, c'est donner à ceux-ci le droit d'opprimer les nations, en ne donnant pour limite ou pour modérateur à ce droit que la crainte de tomber et de périr avec la nation.

Malgré sa gravité et sa difficulté, cette question doit cependant être résolue. Le silence que l'on garderait sur elle n'empêcherait pas son existence. Je vais donc exposer la solution, telle que je la conçois, avec les motifs qui m'engagent à l'adopter.

Voyons d'abord ce qu'on ne peut ou au moins ce qu'on ne doit pas faire.

Les citoyens, agissant individuellement et isolément, ne doivent pas chercher à détruire et à changer le gouvernement du pays qu'ils habitent. Ce n'est pas pour eux seuls que le gouvernement est établi, c'est pour toute la nation. Une injustice particulière ne peut autoriser la destruction de ce qui est nécessaire à tous les autres. Ce point ne peut présenter aucune difficulté.

Il est encore hors de doute que la nation tout entière n'a pas le droit de changer son gouvernement par simple caprice. Un gouvernement est indispensable à l'existence d'une nation. La possibilité d'être changé par caprice rend tout gouvernement impossible. Il ne peut donc pas être ainsi changé.

Une nation ne doit pas non plus détruire et changer son gouvernement pour quelques négligences ou quelques abus qu'il aurait commis. Toute destruction violente d'un gouvernement, quel qu'en soit le motif, entraîne avec elle des dangers et des malheurs inévitables auxquels on ne doit pas s'exposer, autant que cela est possible.

Il faut alors essayer de faire réparer et cesser les négligences, et de corriger les abus, et il est souvent possible de le faire en agissant avec modération et prudence, mais cependant avec résolution et fermeté.

Si l'on ne pouvait pas remédier à ces négligences et arrêter ces abus, il serait souvent préférable de les supporter, s'ils ne mettent pas en danger certain l'Etat en entier ou les citoyens en particulier.

Mais si l'abus de la puissance et du pouvoir est poussé à l'extrême, s'il met en danger la vie, la liberté, la propriété des citoyens, et que l'on ne voie pas de moyens légaux et constitutionnels pour l'arrêter, alors le gouvernement marche contre le principe et la base de son institution et de son existence, il en viole les conditions essentielles ; alors l'on peut et l'on doit lui ôter un pouvoir qui ne lui était accordé que pour protéger et conserver, et qu'il emploie à opprimer et à détruire.

Mais qui jugera si la conduite du gouvernement en est arrivée à ce point qu'il soit nécessaire de le renverser ? Ce ne peut et ce ne doit être que la majorité de la nation, et encore la majorité la plus capable.

Enfin, comment reconnaîtra-t-on cette majorité, et quels devront être les motifs de sa décision ?

Il est évident que l'on ne peut, à cet égard, poser ni formuler de règles précises. Lorsqu'il arrive une de ces catastrophes que l'on ne peut prévoir, et dans lesquelles une partie de la nation attaque le gouvernement et cherche à le renverser, chaque citoyen est livré à sa seule conscience, qui l'inspire et le guide suivant les circonstances et les événements, et la conviction du plus grand nombre doit, en définitive, résoudre la question et exécuter la résolution.

Mais alors même que la solution serait pour la déchéance du gouvernement, on ne devrait jamais consommer cette déchéance qu'après qu'on aurait trouvé un gouvernement à substituer à celui que l'on renverse ; car sans cela on tomberait dans l'anarchie, à laquelle tout gouvernement, même mauvais et dangereux, est préférable.

CONCLUSION.

J'ai fait connaître ce qu'est le gouvernement d'une nation, et, en énonçant les divers besoins auxquels il doit satisfaire, j'ai prouvé qu'il n'est pas et qu'il ne peut pas être le maître de cette nation, ni son ennemi.

J'ai prouvé qu'un gouvernement était nécessaire, et que sans lui une nation ne pourrait subsister.

J'ai exposé les éléments essentiels de tout gouvernement.

J'ai dit et prouvé qu'il existe nécessairement des droits et des devoirs respectifs entre une nation et son gouvernement.

J'ai indiqué les principaux de ces devoirs, dont les uns sont consacrés par des lois, et dont les autres sont fondés sur la conscience et sur la raison.

Enfin j'ai dit comment je croyais possible d'assurer l'accomplissement de ces devoirs, et ce qui arriverait s'ils étaient méprisés.

Jusque-là je n'ai parlé qu'en général et sans aucune application spéciale à une nation ou à une forme de gouvernement. Cependant j'écris pour mon pays, et avec le désir, aussi sincère que désintéressé, de lui être utile. Je m'adresse donc à tous les

Français, mes concitoyens ; mais seulement à ceux qui sont amis de l'ordre et de la paix publique, et qui ne conçoivent de prospérité, et même de vie et d'existence pour un pays, que dans l'assurance et la conservation de la famille, du travail, de l'industrie, de la propriété, de la liberté civile et de la sécurité, et non pas à ceux qui ne fondent leur intérêt personnel que sur le bouleversement de l'ordre social et sur une rénovation chimérique de la société. Je regarde ces derniers comme les plus dangereux ennemis de la paix et de la civilisation, et je ne puis que les engager à réfléchir sur leur conduite, et à considérer les effets désastreux qu'elle produirait définitivement sur eux-mêmes. Je dis donc aux premiers :

Vous désirez que tous vos intérêts particuliers soient assurés et garantis ; vous désirez aussi que les intérêts généraux de la France soient conservés. Croyez-vous que cela puisse avoir lieu sans un gouvernement qui ait un pouvoir et une force suffisante pour le faire ?

Vous désirez aussi que, dans l'action du gouvernement, vos libertés soient conservées avec la plus grande étendue possible. Croyez-vous que cela puisse se faire si le gouvernement ne trouve pas dans la nation un appui moral, patent, public et évident, et s'il ne peut pas compter sur un appui physique et matériel, qui lui donne de la sécurité ?

Vous voyez chaque jour le gouvernement attaqué de toutes les manières et sous toutes les formes. Croyez-vous qu'il puisse se défendre seul, et ne voyez-vous pas, au contraire, l'indispensable nécessité de lui apporter votre concours et votre soutien ?

Si vous éprouvez quelques contrariétés ou quelques pertes dans vos intérêts publics ou privés, croyez-vous y remédier en accusant le gouvernement, ou même en l'abandonnant et en lui refusant votre appui ? Croyez-vous que la destruction et la chute du gouvernement apporteraient un changement favorable à votre situation ?

Que chacun de ceux à qui ces questions s'adressent sondent leur conscience et consultent leur raison, et je ne crois pas que leur réponse soit douteuse.

Mais je vais plus loin : je m'adresse à ceux qui regrettent quelqu'un des gouvernements qui ont existé depuis plus ou moins long-temps en France ; à ceux-là même qui pensent que l'ordre et la paix publique sont attachés au rétablissement de l'un de ces pouvoirs, avec des modifications quelconques ; à ceux enfin qui aspirent à ce rétablissement, et je leur dis : ·

Croyez-vous que, pour arriver au résultat que vous appelez de tous vos vœux, il faille attaquer et renverser le gouvernement qui existe maintenant en France ? Croyez-vous même qu'il faille cesser un seul moment de le soutenir et de l'aider par tous les moyens physiques et moraux ? Et s'ils hésitent à répondre qu'ils repoussent ces pensées, je leur dis de reporter leur attention et leur réflexion sur ce qui s'est passé, depuis deux années, dans notre pays et sous nos yeux. Pour obtenir un autre gouvernement que celui que nous avions, on a renversé celui-ci, et le pays a été mis à deux doigts de sa ruine. Après avoir éprouvé des malheurs et des pertes immenses, il a vu l'ordre et la paix suivre l'établissement d'un gouvernement régulier auquel tous les bons citoyens ont prêté leur appui. Si, malheureusement, ce gouvernement était brusquement et brutalement détruit, de nouveaux malheurs viendraient menacer la France et fondre sur elle. Si l'on pense qu'une autre forme de gouvernement soit préférable à la forme de celui que nous avons aujourd'hui, il y a des voies légales et constitutionnelles pour arriver à cette nouvelle forme. Il faut prendre et suivre ces voies. Mais, jusque-là, il faut conserver le gouvernement existant, car lui seul peut nous garantir de l'anarchie et de ses suites funestes.

Mais, pour conserver le gouvernement, il faut l'appuyer et le soutenir, il faut scrupuleusement et strictement accomplir envers lui tous les devoirs que j'ai signalés.

La France, divisée en plusieurs partis, doit cependant, dans le moment actuel, ne se séparer qu'en deux camps : l'un composé de ceux qui veulent la conservation de l'ordre social actuel, avec les améliorations dont il peut être susceptible ; l'autre composé de ceux qui veulent renverser l'ordre social actuel pour y substituer une toute autre organisation de la société et de la civilisation.

Que ceux qui veulent tout renverser et tout changer attaquent d'abord le gouvernement qui est établi pour maintenir et conserver, cela est naturel, logique et conséquent.

Mais que ceux qui veulent conserver se portent quelquefois à l'attaque de ce gouvernement, ou qu'ils regardent d'un œil indifférent les attaques qui sont dirigées contre lui ; qu'ils ne le défendent pas, qu'ils ne lui prêtent pas leur secours et leur appui, j'ose dire que c'est le comble de l'aberration, de l'imprudence et en quelque sorte de la folie.

Que Dieu veuille préserver notre chère et belle France d'un tel aveuglement et d'un tel malheur ! C'est mon vœu le plus ardent, et c'est pour tâcher d'en obtenir l'accomplissement que j'ai fait et que je publie cet écrit.

www.ingramcontent.com/pod-product-compliance
Lightning Source LLC
Chambersburg PA
CBHW051740050726

47598CB00003B/1275